人生と経営のヒント

理想が人間を磨き、
器を大きくしてくれる

ウシオ電機
代表取締役会長
牛尾治朗

致知出版社

人生と経営のヒント＊目次

第一章　人物に学ぶ

第二章　経営者心得

第二章　経営のヒント

第四章　未来をひらく道

第五章　私を今日に導いたもの

装　幀——川上成夫
編集協力——柏木孝之

第一章

人物に学ぶ

気品の漂う人になれ

■簡単にわかってはいけない

安岡正篤先生は私が多大な薫陶《くんとう》を受けた方であり、人生の師ともいうべき存在でした。

しかし、お会いして間もないころは、私もまだ十七、八歳と若かったことに加え、終戦直後の鮮烈なアメリカ体験もあって、その偉大さがなかなか理解できないままでいました。

私の実家は、戦後まもなくアメリカ進駐軍に接収《せっしゅう》されることになりましたが、視察のために訪れたアメリカ将校たちは、教練を担当した日本軍の配属将校とちがって実に格好良かったものです。パリッとアイロンのかかった軍服、リグレーのチュウインガムとメンネンのシェービングクリームの爽《さわ》やかな香り。その姿は清潔感に溢《あふ》れ、態度も紳士的で私は非常に好感を覚えました。

そのころ写真誌『ＬＩＦＥ』は、自動車や住宅、ミートローフやハンバーガーなど、向こうの輝かしい日常生活を紹介していました。それを生み出したアメリカ大衆民主主義のすごさが強く印象づけられ、これでは日本が負けるのも無理もない、と私は思ったものでした。

いまからすれば失礼極まりない話ですが、そんな私の目には、いつも東洋の古色蒼然《こしょくそうぜん》たる話をされる安岡先生は、まさに戦いに敗れた伝統日本の象徴のような印象があり、好感が持てませんでした。先生が実家に来られるときには、理由を作っては逃げておりました。

先生の素晴らしさを理解できるようになったのは、大学卒業前に父の勧めで就職の相談に伺い、

「to do good を考える前に、to be good を目指しなさい」

という言葉をいただいたときでした。先生は私のアメリカかぶれをひと目で見抜き、あえて横文字を用いてアドバイスをしてくださったのです。

相手を見極めて最も適切な言葉を与えてくださる先生に、私はいたく感銘を受けたのです。

後に先生を囲む若手の勉強会「而学会《じがくかい》」を共に立ち上げることになる伊藤肇《はじめ》さんが、「君が入ると先生も話が弾むから」と、安岡先生の勉強会にしばしば誘ってくれたおかげで、その後先生とのご縁はさらに深まりました。先生のお話を黙って拝聴する人が多いなかで、疑問や反論を率直にぶつけていく私の態度が、先生にもいい刺激となっていたようで、私がいるとあまり聞いたことのない話をされるというのです。

印象的だったのは、先生のお話を伺って「よくわかりました」と答えると、「治朗さん、こういう話はそう簡単にわかってもらっては困る」と叱られたことです。

いくらわかったような気になっても、それは単に理屈や知識の上だけのことで、真に自分のものにはなっていない。ものごとは、実際の体験に照らしながら何年もかけて自分のなかで咀嚼《そしゃく》し、ようやくわかったといえるようでなければ本物ではない。「悟」とはそういうことでした。

■知識から見識、胆識へ

先生の桁《けた》違いともいえる教養は、権力を得たり、売名のために積んだものではなく、純粋に教養を求めて培われていったものでした。ですから先生の教養は実に優雅で、特に古典を語られる時の姿には、えもいわれぬ気品が漂っていました。

いまは、こうした気品の漂う人がなくなりました。知性はあっても、それに気品の備わった人は稀《まれ》です。日本経済の停滞が続いているのも、日本の国に気品が失われてしまったことと無縁ではないように思います。

最近身近になってきたＩＴは、知性を身に付けることには役立っても、品を身につけることには繋《つな》がりません。

知性と気品を兼ね備えた人間になるためには、己の教養に磨きをかけ、知識を見識《けんしき》、胆識《たんしき》にまで高めていく努力が必要です。

その先には必ず、この停滞から抜け出し、新しい時代を切りひらくための英知が見いだせると思うのです。

知性と気品を兼ね備えた人間になるためには、己の教養に磨きをかけ、知識を見識、胆識にまで高めていく努力が必要です。

その先には必ず、この停滞から抜け出し、新しい時代を切りひらくための英知が見いだせると思うのです。

而学の心で活力を取り戻す

■而学会を立ち上げる

佐藤榮作総理の秘書官を務めていた楠田實《くすだみのる》さん、評論家の伊藤肇さんとともに、安岡正篤先生を囲む勉強会「而学会」を立ち上げたのは、昭和四十七年、私が四十一歳の時でした。

安岡先生とは祖父の代からご縁をいただいており、私も父の勧めで就職の相談に伺って以来、折に触れてご指導を仰いでいました。

会のメンバーは、昭和二年生まれのセゾングループ代表・堤清二《つつみせいじ》さんが最年長で、京都大学教授の高坂正堯《まさたか》さん、ＮＨＫ解説委員の山室英男さん、大蔵事務次官の西垣昭さん、評論家の江藤淳《じゅん》さん、海外大使の岡崎久彦さんら、昭和十二年生まれくらいまでの若手約十五名が名を連ねました（肩書はいずれも当時）。

あれから四十数年。すでに全員が鬼籍《きせき》に入られましたが、当時は安岡先生を囲む会の中でも最も若い世代による勉強会でした。

勉強会の名称に用いられた「而学」という言葉は、安岡先生が有名な佐《さ》藤一斎《とういっさい》の言葉から引いてくださったものです。

「少而学　則壮而有為
壮而学　則老而不衰
老而学　則死而不朽」
少《わか》くして学べば、則《すなわ》ち壮《そう》にして為《な》すこと有り
壮にして学べば、則ち老いて衰《おとろ》えず
老いて学べば、則ち死して朽《く》ちず

学び続けることの大切さを見事に表現した名言といえましょう。

この言葉を勉強会の名称にしてくださった安岡先生の見識には深く感服させられますが、先生の人生もまさにこの言葉に貫かれたものでした。

致知出版社から発刊された安岡先生の本がいまだに版を重ね、多くの人々を感化し続けているのはその証左《しょうさ》に他なりません。

■忘年の交わりの大切さ

「而学会」は会場の福田屋で夕方の四時から始まり、六時に勉強を終えて食事を始め、八時にお開きというのが大まかな予定でした。しかし安岡先生のお話が予定通りに終わることはなく、会場を後にするのはいつも深夜の十時頃でした。

テキストには『宋名臣言行録《そうめいしんげんこうろく》』などの中国古典が使われましたが、先生はお話の途中で何かに触発されると、そこから脱線してどんどんお話を展開していかれました。

そのため、六時間ご講話いただいてもテキストは僅《わず》か四ページしか進まないということも珍しくありませんでしたが、一度も聴いたこともないような珍しいお話が次々と出てきて、先生の底知れぬ教養の深さと、真理に対する飽くなき探究心に圧倒される思いでした。

途中からお酒も入り、お話の内容も次第に柔らかくはなりましたが、先生はいくら飲まれても乱れず、その端然《たんぜん》とした佇《たたず》まいはいまも脳裏に焼き付いています。いま思えば実に豊穣《ほうじょう》な時間でした。

「而学会」は、文字通り学び続けることの大切さを心に刻む勉強会であるとともに、概《おおむ》ね三十歳ほど年の離れた安岡先生と我われとの「忘年《ぼうねん》の交わり」の場でもありました。

「忘年の交わり」とは、世代を超え、利害を超えた人間同士の交わりをいいます。而学会では我われが安岡先生から貴重な学びを得たばかりでなく、安岡先生も若い我われから刺激を得られ、交友を心から楽しんでおられました。

日本はいま大きな岐路《きろ》に差し掛かっていますが、一人ひとりが学ぶ意欲を高め、世代を超えて活発に忘年の交わりを重ねていくことによって、活力を取り戻していくことを願ってやみません。

土光敏夫　その人物と生き方に学ぶ

■「君たちの原案を通すことが私の役割だ」

政治経済の混迷ぶりを憂慮《ゆうりょ》して、かつて国の行財政改革で大きな実績を上げた土光敏夫《どこうとしお》さんが改めて脚光を浴びています。

私が土光さんとご縁をいただいたのは、昭和六十年に開催された国際科学技術博覧会（つくば博）の時でした。つくば博は、当時まだ安い標準品の輸出で成り立っていた我が国が、新たに科学技術立国のイメージを世界に発信していく目的で企画されました。会長に就任した土光さんのもと、私は基本構想委員会の委員長という大役を仰《おお》せつかったのです。

委員会を開催するにあたり、土光さんは三十五歳も年下の私に、「勉強のために若い君たちが運営する委員会にぜひとも出席したい」とおっしゃいました。ただし、絶対に自分には発言させないでほしいとのことでした。

それでも実際に委員会が始まると、「土光会長はこれについてどう思われますか」とゴマすりで発言を求める人が何人かいました。土光さんはそれには応じず、

「せっかく君たちが一所懸命に議論しても、自分が話せば意見がそっちへ流れてしまう。自分の役割は理事会での反対を払いのけて君たちの原案を

通すことだから、頑張って議論を尽くしてほしい」と説かれたのです。我われ委員会のメンバーが奮起したことは言うまでもありません。

委員会を欠席された時は後から必ず面会を求められ、会議の内容について熱心に質問を受けました。土光さんが手にする議事録にはいつも赤線がびっしり引かれていました。

石川島播磨《はりま》重工業や東芝の再建に取り組んでおられた頃の土光さんには、その猛烈な仕事ぶりから「鬼の土光」のイメージを抱いていました。しかし私が出会った頃の土光さんは、若い人の引き立て役に徹する「仏の土光」でした。

自分の使命や、年下の我われにも、真摯《しんし》で謙虚な姿勢を貫かれた姿には心底感銘を受けました。

■率先垂範の一生に倣う

基本構想委員会からの答申《とうしん》を終えたのが昭和五十六年一月。それからひと月もしないうちに土光さんからお電話をいただきました。第二次臨時行政調査会（第二臨調）の会長を務めることになったので、また手伝ってほしいとのことでした。

国の抜本的な行政改革を審議するために立ち上げられた第二臨調でしたが、会長就任の要請を受けた時、土光さんは既に八十四歳でした。

最初は固辞していた土光さんが受諾したのは、その数年前に雑誌で発表された「日本の自殺」という論文に、かのローマ帝国はパンとサーカスによって滅びたと記されていたことも念頭にあったからのようです。

巨大な富を得たローマ帝国市民は、食料をただで与えられて労働を忘れ、サーカスに代表される消費と娯楽に明け暮れていたところで蛮族の侵入を受け滅びたのでした。自立自助《じりつじじょ》の精神を失ったローマ帝国の姿は日本の実績と重なり、国の将来に強い危機感を抱いた土光さんは、その雑誌社の許可を得て数万部ものコピーを企業関係者に配付した経緯があります。

私は専門委員の一人として、土光さんのもとへ部会での審議の内容を報告に伺うと、土光さんはいつも入り口まで私を出迎え、「私が無力なばかりに、君たちの原案を思うように通せず本当に申し訳ない」と深々と頭を下げられました。改革への抵抗はそれほど激しかったのです。

そうして頭を下げられると、土光さんに一押ししてもらおうと考えていた案件の話も、切り出せないままに持ち帰るほかありませんでした。

とりわけ印象的だったのは、審議の内容が監督官庁に何度か漏れ、土光さんが憤りを顕《あら》わに我われに説かれた言葉でした。

「皆さんをこれだけ信頼しているのに、会議の内容を漏らしている人がいることは甚《はなは》だ遺憾《いかん》だ。行革が進まないことにかけて官の尊大さを民間は批判するが、それは違う。民が卑《いや》しいから官尊民卑《かんそんみんぴ》になるのだ」

土光さんに恥をかかせるわけにはいかない、周囲は次第にそうした空気で包まれるようになり、第二臨調はいつしか「土光臨調」と呼ばれるようになりました。

加えて、夕食にメザシ一匹という土光さんの質素な暮らしぶりがテレビで放映されるや、「メザシの土光」への共感とともに、行政改革実現への国民の期待は一気に高まりました。

その結果実現した国鉄や電電公社などの民営化が、今日の日本の繁栄をもたらしたと言えます。

最晩年まで改革に率先垂範《そっせんすいはん》で取り組まれた土光さんに学び、転機を迎えた我が国の将来のために私自身も微力を尽くしてまいりたいと決意を新たにしています。

巨大な富を得たローマ帝国市民は、食料をただで与えられて労働を忘れ、サーカスに代表される消費と娯楽に明け暮れていたところで蛮族の侵入を受け滅びた。

名聞利欲——舘林三喜男の教え

■名利を思わざるも武士にあらず

リコーの二代目社長を務めた舘林三喜男《たてばやしみきお》さんは、内務省を経て政治家になり、さらに実業界へと転じた異色の経歴の持ち主でした。

初代社長の市村清さんとは、ウシオ電機を創業した当初から大変深いご縁を賜《たまわ》っていましたが、舘林さんとも実に気が合い、親交を重ねていました。私より二回り以上も年長でしたが、「経営者としては君のほうが十年先輩だから、ぜひいろいろ教えてほしい」と、謙虚で飾らない人柄が印象的でした。

禅に造詣《ぞうけい》の深かった舘林さんから学んだことはたくさんありますが、その一つに「名聞利欲《みょうもんりよく》」という言葉があります。これは『葉隠《はがくれ》』の次の一節にもとづく舘林さんの造語です。

「名利《みょうり》を思うは武士にあらず
名利を思わざるも武士にあらず」

名利、つまり自分の名声や地位だけを求めるのは武士の本分に反することで、実に嘆かわしいことだけれども、しかし、全《まった》く立身出世を求めない人も武士としては同じように嘆かわしい。

名利を求めて汲々《きゅうきゅう》とする人を戒《いまし》めるため、ともすると前段にばかりスポットが当たりがちです。確かに、名利を求めて上にごまをすったり、権謀術策《けんぼうじゅっさく》を弄《ろう》することは好ましくありません。しかし自分の地位を上げることは、それによってより大きな仕事ができるようになり、より大きな社会貢献にも通ずるわけですから、本来は大変意義のあることなのです。にもかかわらず昨今は、出世という言葉があまり好ましくないもののように曲解される傾向があるのが気掛かりです。

舘林さんは、名利を求める上で大事なことは、その地位を得るに相応《ふさわ》しい実力を常日頃から養っておくことであり、上司の顔色を窺《うかが》ったり、おべっかを言うのではなく、正々堂々と実力を蓄えて出世してほしいと説かれています。

■民は之に由らしむべし　之を知らしむべからず

私は、舘林さんの説かれる実力の基本は、人徳、徳の力であると考えます。

人徳の重要性については、安岡正篤先生から『論語』の一節を引いて説いていただいたことがあります。

「民は之《これ》に由《よ》らしむべし。之を知らしむべからず」

民は徳によって信頼させることはできるが、すべての民に真実を知らせることは難しい。

リーダーがどんなに努力をしても、自分の思いや考えのすべてを部下に伝えることはできない。それを補うのは徳であり、リーダーは部下に信頼される人徳を養わなければならないとのことでした。

これは、舘林さんの説かれる名利の求め方にも通ずる教えといえましょう。私はお二人の教えに深く感じ入り、今日まで指針としてきました。日本の未来のためにも、「名聞利欲」という言葉とともに、人徳を養うことの大切さが広く認識され、社会の力となる志の高い人物が輩出することを私は願ってやみません。

第二章

経営者心得

経営は職人芸である

■厳しい現実を経て培われるもの

私が経営の世界に足を踏み入れたのは、父が亡くなり家業の牛尾工業に入社したことがきっかけでした。五年後、不採算であったため切り離された部門を引き受けて立ち上げたのがウシオ電機です。昭和三十九年、三十三歳の時でした。

以来きょうまで約五十年。この間の経営活動を通じてつくづく実感することは、経営は職人芸であるということです。

前職の銀行マン時代までは、他人様《ひとさま》との交流範囲もまだごく限られたものでしたが、経営者になってからは実に様々な人と意思の疎通を図っていく必要がありました。

工場のあった姫路で仕事をする時には関西弁で会話をする一方、海外から資材を調達するため英語やドイツ語で交渉をする。

工場勤務の十代の女性にも分かるように経営ビジョンを示して士気《しき》を高めながら、銀行担当者から上手く融資《ゆうし》を引き出す。

営業グループと技能者グループ、技術者グループを融和させ連帯感を高めることで、スピーディーな研究開発を実現し、新たな顧客を開拓したこともありました。

高度成長という追い風にも恵まれ、おかげさまで当時としては最短の五年で上場を果たすことができましたが、そうした体験を通じて、経営は単に大学で経営学を学んだり、ＩＴに詳しいからできるといったものではなく、様々な苦労を重ね、複雑な人間関係に処する中で培われていく職人芸であることを私は実感しているのです。

以前読んだ永六輔《えいろくすけ》さんの『職人』（岩波新書）という本には、そんな私の琴線《きんせん》に触れる素朴で率直な職人さんの言葉が数多く紹介されており、深い共感を覚えました。

「〈私もいっぱしの大工になりました〉って威張っている職人がいたけど、〈いっぱし〉というのは、〈いちばんはしっこ〉ということなんだよね。威張って言う台詞《せりふ》じゃない」

「いいかい、仕事は金脈じゃない、人脈だぞ。人脈の中から金脈を探せよ。金脈の何かから人脈を探すなよ」

「職業に貴賤《きせん》はないと思うけど、生き方には貴賤がありますねェ」

「目立たないように生きる——昔はそういう考え方でしたよね。いまは、目立つように生きる、そうなってますわね」

「職人が愛されるっていうんならいいですよ。でも、職人が尊敬されるようになっちゃァ、オシマイですね」

経営者はもとより、誰もが銘記すべき言葉ではないでしょうか。

■松下幸之助氏、忘れ得ぬ言葉

優れた経営というのは、優れた職人芸と、それを支える各人の「人生ノート」、つまり人生哲学によって成り立っていると私は考えています。それらを極めて高いレベルで併せ持っておられたのが、経営の神様と謳《うた》われた松下幸之助さんでした。

父がご縁をいただいていたこともあり、私は松下さんの生前に大変懇意《こんい》にしていただき、幾度となく対談する機会にも恵まれました。

折しも一ドル＝三百六十円から二百円へと急速に円高が進み、これから訪れる大変な時代にいかに処《しょ》すべきかというテーマで座談会が行われた際、松下さんは、コストを三十パーセントカットして対応するとの持論を展開されました。

五パーセントカットは難しくとも、三十パーセントカットを目指せば抜本的な改革が必要となり、それを成すことによって厳しい時代を乗り切る強固な経営体質が養《やしな》われるとの主張でした。

そんなことをしたら社員がついてこない。すぐに反論が上がりましたが、松下さんはこう諭《さと》されたのです。

「経営者は社員の前で血の滲《にじ》むような努力を見せなければ駄目ですよ。そうすれば十人のうち三、四人はついてくるでしょう。その人たちと一緒にやっていけば十分です」

小学校中退、丁稚《でっち》奉公を経て会社をつくり、工場に寝泊まりして世界の松下を築いてきた人の言葉だけに、私は深い感銘を覚えました。これこそ松下さんの人生哲学の神髄であり、職人芸の極致だと思います。

経営が職人芸であることを忘れると、経営の舵《かじ》取りもおぼつかないものになります。先程ご紹介した『職人』には次のような言葉もあります。

「褒められたい、認められたい、そう思い始めたら、仕事がどこか嘘になります」

経営に携わる人に限りません。一人ひとりが人間として真に求められるものを見失うことなく、その時々に応じた技量を真摯に養うことを通じて、この難しい時代を乗り切っていかなければなりません。

選択と集中

■見送ることの大切さ

大相撲では、十五番勝負のうち八勝すれば勝ち越しとなり、番付《ばんづけ》が上がります。しかし企業経営は、初日から十四連勝していても、千秋楽《せんしゅうらく》に一敗すれば倒産することもあり得ます。

創業当初はビジネスの規模は小さくとも、十年、二十年と続けるうちにだんだんと取り引きのスケールも大きくなっていくので、一つの失敗によって致命的なダメージを受けることがままあるのです。

情報化社会の進展で、経営者は以前にも増してたくさんの情報に囲まれて事業を営んでいます。儲け話も山ほど舞い込んでくるため、ついつい手を出したくなるのが人情です。

しかし、いくら魅力的な話でも、少しでも自信のない話、不安を感じる話は、一敗の意味の重大さゆえに見送り、休むことが大事なのです。十四勝一敗よりも、九勝六休で勝ち越すことが、優れた経営の行動様式と言えます。

株の売買でも、「売り」「買い」を自重《じちょう》し、「休み」を多く取ってじっと機会を窺うことの重要性が説かれます。また野球でも、ストライクにすべて手を出すのではなく、自分の得意な球が来るまでじっと待つのが名打者だと言われます。経営も、少しでも危険を感じる時には見送るということが、経営判断の重要なポイントだと思うのです。

そのためには、自分の好きな球は何かを見極めなければなりません。自分の長所、短所を知ることが重要なのです。

人のことはよく見えても、自分のこととなると途端に分からなくなるのが人間です。自分が長所だと思っていることが、人から見ると短所であったり、逆に自分が短所だと思っていることが、人から見ると長所であったりということがよくあります。

したがってリーダーは、自分に対して率直に諫言《かんげん》をしてくれる幕賓《ばくひん》や参謀を持つことが重要です。自分の長所、短所をよくわきまえ、自分のタイプを知った上で勝負に出ることが重要なのです。

■組み合わせの重要性

組織で戦う企業経営では、スタッフの組み合わせも考えなければなりません。ボクシングには、危険を冒《おか》して相手の懐《ふところ》に飛び込み、強烈なパンチを連打するインファイターと、軽妙なフットワークで攻撃をかわし、相手の隙や弱点をピンポイントで的確に攻めるアウトボクサーがいます。

日本は戦後、インファイター的な経営者と、アウトボクサー的な官僚の組み合わせによって、奇跡と言われる高度成長を実現しました。一つの会社においても、インファイター的な創業者が、アウトボクサー的な補佐役を配して成功した例がたくさんあります。

二十一世紀に入り、時代は大きく変化しつつあります。戦後の勃興《ぼっこう》期には、欧米先進国をお手本に、ひたすらインファイターに徹して突き進んでゆけば道は開けました。

しかし、お手本のないこれからの時代は、自分の長所をしっかり見極め、その長所を生かせる道を慎重に選び、そこに力を注いでいくアウトボクサー的なスタンスが求められます。

人生においても、経営においても、的確な選択と集中を行っていくことが、これからは特に重要となるのです。

企業経営は、初日から十四連勝していても、
千秋楽に一敗すれば倒産することもあり得ます。

天を恨まず、苦に耐え、明日に向かって働く

■わずか五年で過去二十年に匹敵する変化

平成二十三年三月の大震災の前後で日本の置かれた状況は一変しました。

かねてより私は、二十一世紀型社会というものは二十世紀型社会とまったく異質であることを主張してきましたが、日本はなかなか変化の波に乗り切れないでいました。

しかしながらこの震災によって、いよいよその現実を目の前に突きつけられ、否《いや》が応《おう》でも変わらざるを得なくなりました。

新しい世界の趨勢《すうせい》として一つ言えることは、経済成長の限界が見えてきたことです。

最近の世論調査では、消費者が何よりも安全と安心を重視しており、それが損なわれるような成長を敬遠する傾向がはっきりと表れています。今回の大震災でこの傾向はさらに強まり、経営者は、厳しく、先の読めない状況下での舵取りを余儀なくされることになります。

しかもＩＴ化によって変化のスピードに一層拍車がかかり、今後五年でかつての経済成長期の二十年分にも匹敵する変化が訪れると予想されています。またＩＴは組織のあり方も一変させます。

かつては地位の高い人ほど情報量も多く、情報の格差によって権力が保たれていました。

ところが、ＩＴで誰もが自由に情報にアクセスできるようになり、これまでの権力構造は過去のものとなりました。

私はたまに分からないことがあると女子高に通う十六歳（当時）の孫に尋ねるのですが、インターネットにアクセスしてたちどころに答えを見つけ出してくれます。二十一世紀型社会とは、こうした驚くべき変化を既に我々にもたらしているのです。

■ますます求められるトップの力量

こういう新しい状況下で存在感を発揮するリーダーは、どんな人でしょうか。それは、社員からぜひこの人と働きたいと思われるような人だと私は考えます。

戦後、日本企業の多くは従業員の考えを尊重し、経営者と従業員とが一体になって成長を遂げてきました。経営トップは役員の中では執行業務を統括する立場であるとともに、集団の長として四六時中従業員のことを考えています。一方従業員も、あたかも自分たちが経営者のごとく会社のことを論じ、酒の席ではトップ人事の話題で盛り上がります。

かつてピーター・ドラッカーさんにお会いした時、日本のこうした従業員尊重の経営をどう表現すべきかと問われ、「ヒューマン・キャピタリズム（従業員資本主義）」と答えたところ、我が意を得たりと共感してくれました。

日本の企業は、ヒューマン・キャピタリズムという人間集団論理と、株式会社という組織機能を見事に両立させてきたのです。そしてヒューマン・キャピタリズムは、ＩＴ化で従業員が上層部と同じように情報を持つようになることで一層その傾向を強めます。

ウシオ電機を創業した時、私は設立趣旨《しゅし》の最初に「会社の繁栄と社員一人ひとりの人生の充実を一致させること」と掲げました。

幸せに対する価値観は一人ひとり異なります。ウシオ電機の社員はこうあれというのではなく、期待する社員像をいくつも設け、各々が自分に最も合った社員像に近づけばよいというのが私の考えです。

期待される社員像が社長好みの一種類だけでは、多様化する社会に対応できません。トップには、様々なタイプを受け入れられる度量が必要だと思います。

一方で社員には、入社して五年もたてば何事も自分で判断できる人材になることを求めています。事が起こるたびに「どうしましょう」と上司を頼っていたのでは成長はありません。

自主努力、自主判断力、自己責任の三つの〝自〟を身につけることを、会社で自分の意見を通す前提条件としているのです。

こうした企業風土が定着するか否《いな》かは、トップの力量次第です。今後未知の世界を歩んでいく上では、非日常的な変化に即応できる判断力も問われてきます。判断を下すことを避け、意味もなく会議を繰り返していても道は開けません。難しい決断を行うからこそトップの存在意義というものがあるのです。

今回の大震災は、決断の難しい時代に入った我々に、追い討ちをかけるような試練をもたらしました。しかし我々の先人は、自然を克服しようとする西洋文明と異なり、自然を受け入れ、たとえ災害で家を倒されても、天を恨むことなくその度に立ち上がってきました。

天を恨まず、苦に耐え、そして明日に向かって働く。この心掛けをもとに、新しい時代を切り開いてゆきたいものです。

自主努力、自主判断力、自己責任の三つの〝自〟を身につける

其の身正しければ令せずして行われ

■ノーベル平和賞でも不思議ではない偉大な業績

二〇一五年に日本人のノーベル賞受賞が大きな話題になりました。中でも私が強い関心を抱いたのは、生理学・医学賞を受賞された大村智《さとし》氏に対して、「ノーベル平和賞でも不思議ではない」という称賛の声が上がったことです。

周知のとおり、大村氏は土壌《どじょう》に含まれる天然の細菌から、感染症を引き起こす寄生虫駆除に有効な菌を発見。「イベルメクチン」の名で商品化され、失明に繋がる「オンコセルカ症」や下半身が腫《は》れ上がる「リンパ系フィラリア症」の特効薬として脚光を浴びました。

これだけでも十分な業績ですが、大村氏はこの薬を感染発生地域に無償供与し、現在年間三億人がその恩恵を受けているといいます。その活動からは氏の高潔《こうけつ》な人格が窺え、ノーベル平和賞でも不思議ではないとの称賛に、私も大いに共感を覚え、同じ日本人として誇らしく思った次第です。

大村氏の足跡を拝見すると、一般的な学者の枠《わく》に収まらない型破りな人物であることが窺えます。

山梨大学を出て夜学で教鞭《きょうべん》を執《と》っていた時、試験に臨む生徒の手が油で汚れていたのを見て衝撃を受けます。彼らが働きながら一所懸命勉強しているのに、自分は一体何をやっているのだろうと発憤《はっぷん》し、東京理科大学などで勉強し直してアメリカに留学。教え子を師として自らの人生を大転換させたのです。

アメリカでは製薬大手のメルク社と契約を結び、そのロイヤリティ収入によって北里大学メディカルセンターの設立や、自身の研究資金などを賄《まかな》いました。

学者でありながら優れたビジネス感覚を併《あわ》せ持《も》ち、しかも自分の働きで得た収益を私することなく、美術館設立などの地域貢献にも役立てる姿勢は見事という他ありません。

■これからの最大の仕事は人間を教育すること

そうした大村氏の人生観や信念は、以前『致知』に登場された際のインタビューにもよく表れています。

「人があまり考えないことで世の中の役に立つのが自分の使命だと思い、人がやっていないようなことに絶えず挑戦してきました」

「失敗を恐れず、新しいこと、人がやらないことに挑戦してこそ人を超えるチャンスを摑めるんです」

「受けた恩は石に刻めといいますが、恩を忘れてはダメです」
「与えられた場で自分の役割を果たすことは大事です。しかしただその場に甘んじているのではなく、そこを乗り越えて、自分でなければできないところを見せなければいけないと思います」

（『致知』二〇一二年五月号より）

大村氏は記者会見で、自身のこれからの最大の仕事は、人間を教育することだとおっしゃっていました。会見を傍聴《ぼうちょう》する若い学生や研究者たちが実にいい顔をしているのを見て、氏は既にたくさんの人を育てていると私は思いました。

『論語』に次の言葉があります。

「其の身正しければ令《れい》せずして行われ、
其の身正しからざれば令すと雖《いえど》も従わず」

上にある者が正しければ、命令しなくともよく行われ、正しくなければ、どんなに厳しい命令を下しても、民はついてくるものではない。

大村氏の優れた人間性に基づく業績は、多くの人を感化し、よい方向へと導いているに違いありません。氏の生き方は、リーダーが学ぶべき教訓に満ちていることを、私は大いなる感動とともに実感するのです。

第三章

経営のヒント

日本企業の強さの原点を忘れるな

■経営者の使命はイノベーションの実現

二十一世紀に入り、二十世紀型の大量生産、大量販売、大量廃棄の時代は終わりました。これに伴い、いま企業の姿が大きく変わりつつあります。この大転換期に成功を収めている企業の多くは、リデュース（廃棄物の減量化）、リユース（再利用）、リサイクル（再資源化）をキーワードに、経営の質を大きく変えてきています。

こうした企業の姿を見ていて頭に浮かぶのは、二十世紀を代表する経済学者であるシュンペーターのことです。彼は、経営者のイノベーションこそが市場経済を活性化させ、社会に繁栄をもたらすと唱えました。またその理論の影響を受けた経営思想家のドラッカーは、経営者にはイノベーションを実現するリーダーとしての使命があると説きました。そのドラッカーの眼に企業の理想として映ったのが、高度成長期の日本企業でした。

彼とは幸運にもしばしばお会いし、昭和四十五年には二度ばかり対談をする機会を得ました。その中で、日本企業の強さの原点は、利益を将来のコストと考え再投資する本業主義と、人件費を費用ではなく資源と考え、従業員を最優先するヒューマン・キャピタリズムにあるという考えで意見が一致し、意気投合したことが、いまもなお記憶に鮮やかに残っています。

■時代が移っても失ってはならないもの

その後、時代が進むにつれて、企業のステーク・ホルダー（利害関係者）は増えていき、より多面的に経営を考えていく必要性に迫られました。

ＩＢＭの提唱するカスタマー・サティスファクションの理念が脚光を浴びるようになると、ステーク・ホルダーにおける顧客の重要性が再認識され、企業側の一方的な都合による商品提供について再考させられる契機となりました。

また、借り入れの多い会社は、ステーク・ホルダーの中でも金融機関の重要性が高まっていきました。

さらに公害が社会問題化するようになると、企業を取り巻く地域、コミュニティーの利害も考慮に入れるべきことを学んでいきました。

近年、株主の利益をもう少し考慮すべきだという議論が盛んになりました。日本企業の配当性向は上昇しつつありますが、米国企業の平均約四十パーセントに及びません。

このように経営者は、多元的な利害を調整しながら、時代に即したより質の高い経営を目指してイノベーションを続けていかなければならないのです。

その判断のベースとなるのが、市場との対話です。まだものが十分に行き渡っていなかった高度成長期には、新しい商品を投入すれば比較的容易に売り上げに結びつきました。

ところがいまの時代は、消費者がおのおのの価値観に基《もと》づいてじっくりと商品を選ぶようになったため、企業側の思惑《おもわく》通りには消費に結びつかないのです。まずアイデアを市場に問い、その反応を複数のスタッフの目や耳でキャッチし、市場のニーズにより適合する商品に修正していくことが求められるのです。

顧客の要望に応えて改良を繰り返した結果、世界最高水準の技術を身につけてきたトヨタは、その優れたお手本といえましょう。いまは商品の寿命が短くなったといわれますが、市場と十分な対話を繰り返して創り上げた本物の商品は、長く人々に親しまれるのです。

このように、成功する企業の質はいま急速に変化しつつあります。しかし、いかに時代が変わっても、イノベーションの精神を持ち続けることや、利益を将来のコストと考え、人件費を費用ではなく資源と考える日本企業の原点ともいえる強みは、これからも決して失ってはなりません。

新世紀の潮流を摑め

■グローバル化とITで見えてきた趨勢

二十一世紀に入り、既に十五年以上が経過しました。世紀の変わり目には世界情勢も混沌《こんとん》とし、二十年くらい経《た》たなければ先を見極《みきわ》めにくいものですが、グローバル化とITの急速な進展によって、早くも新時代の趨勢が明らかになりつつあります。

顧《かえり》みれば、二十世紀の世界情勢は中盤で大きく転換し、終盤に向けて新しい世紀に通ずる兆《きざ》しを見出すことができます。

前半は帝国主義の覇権争いが展開され、日本が加わっていた枢軸国側《すうじくこくがわ》が英米仏にソ連、中国も加わった連合国側に敗北して大勢は決します。後半は民主主義、市場経済を標榜《ひょうぼう》する自由国家アメリカと、共産主義、計画経済を標榜する独裁国家ソ連を中心に東西両陣営が対立して冷戦状態となり、日本はアメリカ側に組み込まれました。

最終的にはアメリカに軍配が上がり、冷戦は終結。一九九〇年代前半には共産主義国家である中国まで市場経済に参入してきました。


日本は敗戦直後、経済規模でアメリカの百分の一という窮状《きゅうじょう》にあり、国体の存続も危ぶまれていました。これをともかくも援助なしに自立できる国にするために採られた軽武装、経済重視の復興路線が功を奏し、日本は奇跡の経済成長を遂げたのです。

その間ヨーロッパでは、アメリカやソ連、世界経済で影響力を増してきた日本など新興国に対抗するため、一九五七年にＥＥＣ（ヨーロッパ経済共同体）を立ち上げ共同市場を創設しました。

またアメリカは製造業で一時期日本の後塵《こうじん》を拝《はい》しましたが、金融業と情報産業で息を吹き返しました。特にＩＴの分野では二〇〇四年にフェイスブックが誕生してから毎年、ユーチューブ、ツイッターといった新しい情報媒体が次々と生まれ、世界を一変させるほどのインパクトをもたらしました。

ヨーロッパが模索したグローバル化とアメリカの生んだＩＴによって、二十一世紀の趨勢が確立しつつあるわけです。

■六つのハイコンセプト

こうした新しい趨勢の下、我が国はいかに道を切り開いていくべきでしょうか。

かつてアメリカ副大統領を務めたアル・ゴア氏が大統領選に出馬した際、選挙参謀を務めた人が、六つのハイコンセプトという示唆《しさ》に富んだ提唱をしています。

一つ目は、これからは相手を説得するには論理だけでなく、相手を思いやり、エンパシー、共感することが大事だということ。

二つ目は、各論や問題の焦点を追求していくだけでなく、シンフォニー、全体調和を図《はか》っていくことが大事だということ。

三つ目は、AかBかといった議論よりも、ストーリー、物語性のあるもののほうが選ばれるということです。

少し補足すると、例えばワインでも、バーガンディーかボルドーかという議論だけでなく、これは曾祖父の代からつくり始め、我が家で毎年お祭りの日に嗜《たしな》んできたワインです、といったストーリー性を打ち出したほうが売れるというのです。

四つ目はデザイン。このスーツは夏でも涼しいといった機能だけでなく、パッと見て素敵《すてき》だな、という印象を訴《うった》えかけるものが売れる時代になるといいます。

五つ目は、これからは真面目《まじめ》さだけでは駄目で、遊び（心）が必要だということ。堅い話ばかりでなく、ジョークやユーモアを交えて皆を巻き込み、一緒に歩んでいくことが大事だということです。

六つ目は、情報の積み重ねだけではなく、それをどう意味づけるかが大事だということ。これは知識よりも見識という東洋の教えにも通じていると私は考えます。

いまの世界の趨勢に照らしてみると、この六つのハイコンセプトの重要性には深く納得させられるものがあります。日本には論理や機能を重視する面もありますが、シンフォニーやストーリーという面ではこの提唱を先取りしていると私は考えます。

例えば大地震が起きても天を恨まず、皆が助け合って困難を乗り越えようとする姿。あるいは他国から助けを求められればすぐにお金を出そうとする姿は戦略性がないと批判されがちですが、世界からは賞賛され信頼を集めているのです。

リーダーシップのあり方にしても、かつては俺についてこいというタイプが成功しましたが、昨今はメンバーを説得し、ともに成功しようという参画型《さんかくがた》の組織が伸びてきています。

我が国がこうした新しい潮流を先取りし、強みを一層発揮して、明るい二十一世紀を創造していくことを願ってやみません。

淡にして事を成し甘にして事をこわす

■楽観主義は意志によるものである

フランスの哲学者アランの名著『幸福論』に、「悲観主義は気分によるものであり、楽観主義は意志によるものである」とあります。悲観主義のほうが知性的であるとして重きを置く向きもありますが、アランはその深い人間洞察《どうさつ》により楽観主義の本質を鋭く捉え、人の生き方に示唆を与えてくれています。

我が国ではいま、安倍政権の掲げる積極的な経済活性策が、アベノミクスの呼称を得て高い支持を集めています。これまでの政権下で続いていた、慎重さゆえの暗さ、大胆さのない経済に嫌気がさし、楽天的なリーダーシップ、アラン風にいえば、強い意志を持った経済政策を待望していた国民感情に、安倍政権は上手く応えているといえるでしょう。

市場経済というものは本来、企業を担う経営者が前向きにチャレンジする場であり、楽観と楽観が戦い、最も強い楽観が生き残る制度であるともいえます。アベノミクスには、市場がそうした本来の活力を取り戻す効果が期待されます。

約四十年前、ジャパン・アズ・ナンバーワンと謳われた絶頂期の日本経済を支えていたのは、企業のTQC（全社的品質管理）運動でした。これは各職場の抱える問題点を様々な工夫改善を重ねて克服し、その優劣を競うことによって全社の活性化を図るものです。そこで最も優れた成果を上げた職場が、翌朝にはその最高の状態をあえて最低ラインと考え、さらに改善努力を重ねたというエピソードもあるくらいに徹底した取り組みでした。

もう一つ、多くの日本の経営者の精神的拠《よ》り所《どころ》となったのが、アメリカの経営学者ピーター・ドラッカーの哲学でした。

ドラッカーは、決断に際して四つの優先順位というのを説いています。

第一に、過去ではなく未来を選ぶ。

第二に、問題（problem）ではなく機会（opportunity）に焦点を合わせる。

第三に、横並びではなく独自性を持つ。

第四に、無難で容易なものではなく、変革をもたらすものを選ぶ。

そして、この四つを選ぶのは見識ではなくリーダーの勇気であると主張しています。この勇気こそは、楽観主義の最たるものといえます。

■為すべき事を淡々と、着実に

これに対してアメリカは、日本が主に製造現場で実践したＴＱＣ運動を、経営管理や販売活動などのホワイトカラー業務に応用し、リエンジニアリングと称する経営革命を実施して巻き返しを図りました。

例えば、デルやヒューレット・パッカードといった新興パソコンメーカーは、パソコンに精通した顧客に対して簡略化した安価なサービスを提供することによって、競合他社の約半分という大幅なコスト削減を実現して躍進を遂げました。

一方、日本のホワイトカラー業務の効率化は十分に進まず、それが長い停滞の一因ともなりました。しかし逆に言えば、そこを克服することで再成長を図ることもでき、日本の可能性はまだ十分にあるともいえます。アベノミクスの楽観主義に徹した強い意志を持った政策によって、その可能性が広がっていくことに期待したいと思います。

生前懇意にしていただいていた大平正芳元総理は、

「淡《たん》にして事を成し、甘《かん》にして事をこわす」

という言葉を残されました。淡々と着実に事に当たれば成功するが、甘くなれば失敗するという意味です。〝厳〟ではなく〝淡〟という言葉を使われたところに、大平さんの深い洞察が感じられます。

楽観主義が陥《おちい》りやすい欠陥は、甘になることです。東京オリンピック・パラリンピックの招致《しょうち》決定など、明るい話題もありますが、私たちはここで甘に陥ることのないよう、為すべき事を淡々と、着実に実行していくことによって、日本の再生を確実なものにしていかなければなりません。

短所の是正か長所の伸長か

■自社の競争力の源泉は何か

世界が大きく変わりつつあるいま、日本企業は、大幅な戦略の見直しを迫られています。

世界の政治的な対立が深まり、マーケットのグローバル化がさらに拡大し、ＩｏＴ（物のインターネット化）とＡＩ（人工知能）が様々な経済活動に影響を与え始めるなど、先行きの見通しの立ちにくい現在のような状況下でまず為すべきことは、自社の競争力の源泉を冷静に分析することです。その上で、短所を是正《ぜせい》し、長所を伸長《しんちょう》して、未知の状況に柔軟に対応できる態勢を整えなければなりません。

私がウシオ電機を創業して十年くらい経った頃、ある経営コンサルタントの方に当社の長所と短所について尋ねたところ、「長所も短所も、君が社長であることだ」と指摘されました。そして今後は、自分が社長であることが会社の短所になっている部分は人に任せ、長所になっている部分に専心《せんしん》していくようアドバイスされました。

私はそれまで創業経営者として、開発から生産、国内外の販売に至るまで、すべての陣頭指揮《じんとうしき》を執っていましたが、それを機に思い切って組織改革に取り組んだことで、新興ベンチャーの殻《から》を破り、当社を今日に至らしめることができたのです。

ちなみに、改革への取り組み姿勢は、世代や国によって異なるようです。若く勢いのあるリーダーが長所伸長に意欲的であるのに対し、慎重な年配のリーダーは短所是正により熱心な傾向があります。

また、日本企業には戦略的に短所是正を得意とするところが多く見受けられます。例えば、研究開発において千個の試作品から二百個の不良品が出れば、その二百個を徹底的に分析し、問題点を是正して改良していくのです。

これに対してアメリカ企業は、よくできた試作品のほうにスポットを当て、なぜそれがよいのかを追求し、さらに磨きをかけていく傾向が強いようです。

私のこれまでの経営経験に照らしてみると、優秀な商品は、長所を徹底的に追求するところから生まれることが多いように感じられます。

■キックとプルは同時にできない

改革に着手する際に心得ておかなければならないことは、長所の伸長と短所の是正は同時にはできないということです。

アメリカに、ロバはキックとプルは同時にできないという譬《たと》えがあります。「進め」の指示と「止まれ」の指示を同時に出せば、身動きが取れなくなるというわけですが、これは長所の伸長と短所の是正にも言えることです。

長所と短所は表裏《ひょうり》一体であり、長所を伸ばせば短所も増え、逆に、短所を直したことで長所を殺してしまうこともあります。さらに、経営者が短所と考えて是正したことが、実は顧客からは長所と受け止められていたというケースもありますから、注意が必要です。

そうした弊害を避けるためにも、その時の会社の状況をよく見極めて、今期は長所の伸長と短所の是正のどちらから着手するかを決断することが肝要《かんよう》です。

例えば、十年かけて改革に取り組む際は、まず最初の三年は長所を伸ばすことに専念《せんねん》する。そして次の三年で短所の是正に全力を注ぎ、残りの四年でバランスを取るというのも一つのやり方でしょう。また、会社の業績が思わしくない時には、先に短所の克服を優先し、会社の伸び盛《ざか》りには思い切って長所を伸ばすことに集中するのも効果的だと思います。

混沌とした現在の状況下においては、個人も組織も、己をよく見極め、長所伸長と短所是正に的確に取り組むことで柔軟に対処し、未開の地平に道を切りひらいていかなければなりません。

長所と短所は表裏一体であり、長所を伸ばせば短所も増え、逆に、短所を直したことで長所を殺してしまうこともあります。さらに、経営者が短所と考えて是正したことが、実は顧客からは長所と受け止められていたというケースもありますから、注意が必要です。

第四章

未来をひらく道

厳よりして寛なるべし

■原理原則の逆をいく人間関係

中国は明代末期の名著『菜根譚《さいこんたん》』に私の好きな言葉があります。

「恩はよろしく淡《たん》よりして濃《のう》なるべし。
濃を先にし淡を後にするは、人その恵《めぐみ》を忘る。
威《い》はよろしく厳《げん》よりして寛《かん》なるべし。
寛を先にし厳を後にするは、人その酷《こく》を怨《うら》む」

人に与える恩恵《おんけい》は、最初はわずかにして次第に手厚くしていくのがよい。はじめに手厚くしておいて後でわずかにすれば、人ははじめに受けた恩恵さえ忘れて不満に思うものだ。

威厳《いげん》を示すには、最初は厳しく接して次第にゆるめていくのがよい。はじめに優しくしておいて後から厳しくすれば、人は不当に辛く当たられたと感じて怨みを抱く、といった意味です。

私が学生の頃にお世話になった先生方は、どなたも非常に厳しい方ばかりでした。しかしその厳しさに耐え、懸命に勉学に勤《いそ》しんでいると、その努力を認めてくださり次第に寛大になり、親密な師弟関係に発展したものです。

人間関係も、最初はお互いを厳しく批判し合っても、最後に一つでも尊敬する点を認め合えた人とは親友になれるともいいます。

ところがこの頃の人間関係は総じてこの逆のパターンが多いようです。この傾向は世論調査や人気投票にもよく表れており、誰に対しても人当たりがよく、寛容な態度を示す人が人気を集めます。これは悪《あ》しきポピュリズム、大衆迎合《げいごう》主義へ発展する危険性をはらんでいます。

会社の上司も、最初はもの分かりがよくても、後から急に厳しくなったり、冷たい態度を取る人が多いようです。『菜根譚』の説くところとは逆をいっているわけですが、いまは厳しい上司を部下が端《はな》から拒否してしまう傾向にあるため、せっかくの成長のチャンスが生かされず、人材が育たないのです。

現在のように社会が複雑になってくると、上に立つ者は部下に対して、最初の段階から厳しく原理原則を教え込むことが大切です。

その上で私は、新入社員に

「三日、三月《みつき》、三年」

ということをよく言います。

希望に燃えて会社に入ってきても、三日、あるいは三月たつと現実の厳しさを痛感し、辞めたいという声が上がります。私はそういう社員には、視野を広げて自分の志を再確認し、しばらくいまの職場で頑張るよう言い含めます。

しかし、三年たってまだ辞めたいと思うなら、あえて止めずに本人の意思を尊重しています。

■倒される度に立ち直ってきた日本人

会社の新入社員研修の一環で、以前は自衛隊の訓練に社員を参加させていたこともあります。厳しさに音《ね》を上げる社員が多かったため、確認してみたのですが、指導は実に懇切丁寧《こんせつていねい》で、若者の許容度の低さに愕然《がくぜん》としたものです。

その可否は別として、徴兵制《ちょうへいせい》を敷《し》く韓国の若者は、二年間兵役《へいえき》に服すと心身ともに見違えるように鍛えられて帰ってくるといいます。

安倍政権の閣議決定により設置された教育再生会議の提案には、我が国の学生も社会福祉など奉仕活動に一定期間フルタイムで従事させてはどうか、という提案が為されたこともあります。

一方で、そうしたことをあえてせずとも、日本人は厳に耐える資質を備えているという意見もあります。

この度の東日本大震災では、そのことを改めて実感させられました。

当時、ウシオコリアの最高顧問を務めていたのは韓国の陸軍名誉元帥《げんすい》ですが、震災の後、日本人がほとんどパニックも起こさず事態を冷静に受け止め、電車や買い物の順番を整然と待つ様子をテレビで見て感嘆《かんたん》していました。同様に日本人の姿勢を賞賛する声は世界各国から寄せられています。

哲学者の和辻哲郎《わつじてつろう》が指摘しているように、強固な石の城を築いて自然と闘い、克服しようとする西洋文化とは対照的に、木で建物を造る日本人は自然と共生し、自然の猛威に倒されてもその都度見事に立ち直ってきました。

厳《げん》よりして寛《かん》なるべし。

我々はいま未曾有《みぞう》の国難に直面していますが、国民の総力を結集してこれを乗り越えた先に、必ず明るい未来がひらけてくると信じています。

「三日、三月、三年」

治に居て乱を忘れず

■試練を乗り越えてきた日本

一九六九年、私は日本青年会議所会頭として、日本生産性本部が毎年夏に開催する軽井沢トップ・マネジメント・セミナーで講演をしました。

当時の日本は、戦後の焼け跡から奇跡の復興を遂げ、目覚ましい経済成長を続けていました。

米ハドソン研究所の創設者で、「二十一世紀は日本の世紀になる」と予言したハーマン・カーン氏同様、日本の将来を有望視する人も多く、その行方《ゆくえ》を世界中が注視していました。

これに対して私は、いずれこの成長は鈍化《どんか》すると考え、日本はこれから三つの大きな変化に直面するという持論を講演で発表したのです。

一つ目の変化は、消費者が選ぶ時代になるということです。

それまでは、例えば外食をする際にも、消費者は食事を提供する側の定めたメニューや値段を無条件で受け入れていました。しかしこれからは、前菜からメインディッシュ、デザートまで、消費者が各々の好みを主張し、選択する時代になり、そこで企業にとって重要なことは、選ばれる存在になるということです。

二つ目の変化は、グローバリゼーションの波が押し寄せ、日本人も英語が話せなければビジネスが成り立たない時代が到来するということ。

三つ目は、ワンマン経営から参画型リーダーシップへの変化です。

それまで「俺についてこい」のひと声に皆が従っていたのは、高度成長の裏書きがあったからであり、今後それが鈍化する中で、従業員にも意志決定に参画する機会を提供しなければ、企業の中にも学生運動のような内ゲバが起こることを警告したのです。

当時三十八歳だった私の意見は、講演を聴講された先輩諸氏には相当刺激的だったようで、新聞にも大きく取り上げられ話題となりました。

実際、日本はそれから程なくニクソンショック、オイルショックと立て続けに厳しい試練に見舞われ、一九七九年の東京サミットでは、各国から石油消費の抑制を迫られるなど、変化を余儀なくされることになったのです。

しかし、そのおかげで日本は変わることができました。日本人のエネルギー意識は高まり、優れた省エネ型商品が多数開発されました。燃費のよいトヨタの車が高い評価を受け、アメリカ進出の足がかりを得るなど、試練を逆手にとって道を開くことに成功したのです。

■日本の前途は、一人ひとりの努力に懸かっている

日本はいま、新たな転機を迎えています。

一つは、二〇二〇年の東京五輪までに、どこまでグローバル時代に通用する新しい社会体制を構築できるかということです。

スタンフォード大学の青木昌彦教授は、日本はここでメダルを取れるアスリートを育成するだけでなく、あらゆる分野で世界をリードする一流の人材を育成していかなければならないと主張されていますが、私も同感です。

その次に押し寄せて来るのが、少子高齢化、人口減少問題です。

今後、日本の人口は確実に九千万人にまで減少すると見られています。そしてその頃には、約五十パーセントが六十歳以上、約二十パーセントが七十五歳以上を占め、極めて深刻な労働力不足に陥ることになります。

これは、平和の代償として今後多くの国が直面する問題であり、各国は日本がこの問題にどう対処するかを固唾《かたず》を呑《の》んで見守っています。これまで数々の試練を乗り越えてきた日本であれば、世界のお手本となる優れた解決策を示してくれるはずだと期待されているのです。

幸い、七十五歳以上の日本人の九十パーセント以上は健常であり、この人々をマンパワーとしていかに活用していくかが一つの鍵となるでしょう。七十五歳の人々が元気に働いて税金を納めることが、国を救うと私は考えます。

『易経《えききょう》』に「治《ち》に居《い》て乱《らん》を忘《わす》れず」という言葉があります。平穏な時も万一に備えることを怠ってはならないという教えです。

日本は多くの問題を抱えていますが、海外からは、こんなに平和で住みやすい国はないと高く評価されています。しかし、肝心の日本人がその自覚に乏しいことが気懸かりです。

ゆえに大事なことは、「治に居て乱を忘れず」の心を胸に、これから直面する転機に果敢《かかん》に立ち向かっていくことです。日本の前途《ぜんと》は、偏《ひとえ》に私たち一人ひとりの自覚と努力に懸かっていることを忘れてはなりません。

清規と陋規

■表の道徳と裏の道徳

社会には、清規《せいき》と陋規《ろうき》というものがあります。

清規は表向きの道徳を指します。人のものを盗んではいけません、喧嘩《けんか》をしてはいけません、親孝行をしましょうといった訓戒はいずれも清規に属します。「教育勅語」などその典型と言えましょう。

これと一対《いっつい》を為す陋規は、裏の道徳とも言うべきものです。例えば、喧嘩もただ無軌道にやるのではなく、素手で行う、一対一で行う、自分より強い者と行うなど、一定のルールに則《のっと》ってやる。同様に、泥棒にも掟《おきて》があるといった暗黙の約束事も皆、陋規に含まれます。

芝居などで有名な鼠小僧次郎吉《ねずみこぞうじろきち》は、貧しい家を襲わないこと、放火をしないこと、女性に乱暴をせぬこと、この三つの掟に則って盗みを働き、義賊として庶民の喝采《かっさい》を浴びました。また、任侠映画が観客を魅了するのも、陋規に満ちた世界を描いているからと言えるでしょう。

芸能の世界ばかりでなく、武士道や職人芸、スポーツなど、一つの道を貫く世界や、地域のお祭りなどにも陋規は満ち満ちています。

清規が大切であることは言うまでもありませんが、社会というものは、そうした建前や綺麗事《きれいごと》ばかりで成り立つものではありません。陋規の裏打《うらう》ちがあることによって秩序が保たれ、温かみや潤いがもたらされる面もあることは、否定できない現実なのです。

■日本の強さの源泉に、いま一度目を向ける

この頃は、陋規という言葉を知らない人が大半になりました。それに伴って、常軌を逸《いっ》した事件が頻発するようになりました。

お年寄りを騙《だま》してお金をせしめる振り込め詐欺のようなことは、昔は起

こり得ないことでした。つい先だっても、数人の男が一人の少年を追い詰めて殺害するという痛ましい事件が報道されていましたが、社会全体が超えてはならない一線を超えてしまっているように思えてなりません。

こうした恥も外聞《がいぶん》もないことが横行《おうこう》するようになったのは、陋規を育《はぐく》んできた地域の繋がりが薄れ、尊い伝統が失われつつあることとも深く関係しているように思われます。

ビジネスの世界でも、よい会社にはよい陋規が残っています。業績が傾いても経費の無駄を徹底的に排除し、社員の雇用はできるだけ守っていくなど、独特の伝統が長らく日本企業の強さの源泉にもなっていました。

近年は、こうした日本独特の伝統が改革の妨げになると考えられ、どんどん失われていますが、それに伴い日本の強さまで損なわれていくことを私は危惧《きぐ》しています。

安岡正篤先生は、清規という上層建築は修繕可能だが、陋規という土台が崩れてしまってはもうどうにもならないと警鐘《けいしょう》を鳴らしています。綺麗事ばかりが罷《まか》り通り、それを補完する陋規というものが忘れ去られてしまうことは危険なことなのです。

今後、海外との交流は一層盛んになり、日本の美質や強みを世界で発揮していく必要性はますます高まっていくでしょう。ここで陋規という言葉とともに、日本を長きにわたって支えてきたよき伝統にいま一度目を向けることの重要性を、私は実感しています。

中游のこころで難局を乗り切る

■世界に衝撃を与えたイギリスのEU離脱

イギリスがEU離脱《りだつ》を選択しました。東西冷戦が終結して以来、融和《ゆうわ》の方向へと歩んできた世界に大きな衝撃が走りました。

ベルリンの壁崩壊の翌年、一九九〇年に開催されたヒューストン・サミットでは、これからの世界では、人権を尊重する民主主義、国境を越えて経済が自由に行き来する市場経済が大事であり、武力によって国境を侵《おか》してはならないこと、さらに環境問題の重要性について議論がなされました。

このうち環境問題に限っては、国連気候変動枠組条約締約国会議（COP）を通じ各国が協調して取り組んでいるものの、人権に関してはいまだに尊重されていない国があり、武力の脅威は二〇〇一年、9・11同時多発テロを皮切りに各地に広がっており、中国の台頭で世界は再び東西対立の様相を呈《てい》してきています。

そして国境を自由に行き来する市場経済に関しては、先駆者であるEUが様々な危機を乗り越え懸命に維持してきたにもかかわらず、遂にイギリスの離脱という事態に至ってしまったのです。

私は、EUの原型であるEEC（ヨーロッパ経済共同体）の発足後の一九六二年に、日本生産性本部の海外視察団の一員として三十五日間にわたって現地をつぶさに見てきました。ＥＥＣの発足に際しては、話し合いの最終局面でも六か国の足並みが揃《そろ》わず、時計の針を止めて二日間にわたる議論を続けた末に合意に至り、世界初のコモン・マーケット（共同市場）が立ち上げられたという話には大変感銘を受けました。

私は創設メンバーの高い志と情熱に直に触れ、グローバル化によって開ける世界の新しい可能性に大きな期待を寄せていただけに、この度のイギリスのＥＵ離脱には一層大きな衝撃を受けたのです。

■大河の真ん中を悠々と進む

この難しい局面で日本は何を為すべきでしょうか。私が改めて大事だと実感しているのが、安岡正篤先生から教わった「中游《ちゅうゆう》」という言葉です。中游とは川の流れの真ん中にいて、悠々と流されてゆく状況をいいます。

中国にこんな戯《ざ》れ詩《うた》があります。

「中游中游　不安帯頭　運動来了　随大流」

これは「真ん中だ　真ん中だ　先頭などに立ってはいけない　ことがはじまったら　大きな流れに随《したが》いなさい」という意味だそうです。

しかしそれは「長いものには巻かれろ」とは若干《じゃっかん》違うのだと思います。時によっては、先頭に立たず、後方にも落ちず、潮流《ちょうりゅう》とともに流れることも大切なのです。

ヨーロッパにおける民主主義と市場経済の歴史は日本よりも遙《はる》かに長く、私たちは彼らから謙虚に学ぶ姿勢を崩すべきではありません。

しかしそれは、彼らの言うことを鵜呑《うの》みにし、盲目的に追随《ついずい》することとは違います。今後の彼らの言動をしっかりと見つめ、大勢の流れに乗りながら悠然と対応することが肝要なのです。

いま大事なことは、世の喧噪《けんそう》に惑わされて本質を見失うことなく、大河の真ん中をゆったりと歩くように、時代の趨勢の中軸を歩んでいくことです。

世の喧噪に惑わされて本質を見失うことなく、大河の真ん中をゆったりと歩くように、時代の趨勢の中軸を歩んでいく

去年今年貫く棒の如きもの

■変化を求めるアメリカ混沌とする世界

二〇〇九年一月にバラク・オバマ氏が大統領に就任した時、私はアメリカ民主主義の奥の深さを実感し、大きな感動を覚えたものです。

私がアメリカに留学したのはもう半世紀も前のことですが、当時は黒人に対する差別が実にあからさまで、白人の利用するバスには乗車できず、レストランでも入り口近くにしか座れませんでした。

国民の意識に深く染みついた差別意識を目の当たりにしていただけに、

黒人大統領の誕生などあり得ないと思っていたところ、アメリカ国民は黒人であるオバマ氏を大統領に選んだのです。

このように国民の思いをダイナミックに反映してきたアメリカが、この度の大統領選挙では、歯に衣《きぬ》着せぬ物言いでアメリカ第一主義を訴えるドナルド・トランプ氏を大統領に選び、八年前をも上回る衝撃を世界にもたらしました。

アメリカが変わろうとする意思を示したことで、世界情勢は一層混沌としたものになり、各国はこの状況にいかに処するべきかを懸命に模索《もさく》しているところです。

■難しい時期には思考の三原則に立ち返る

日本は明治維新から七十年で敗戦を迎え、そこから奇《く》しくも同じ七十年という月日を経て、この歴史的な大転換期に直面しています。

最初の七十年はイギリスから大いに学んで近代化に大成功を収めました。また戦後の七十年も、西側の盟主アメリカに学んで奇跡ともいえる復興と経済成長を果たしました。

そしていま、イギリスはEUからの脱退を決断し、アメリカは新政権のもとで大きく変わろうとしています。お手本としてきた両国が未知の領域に足を踏み入れようとする中、日本もこれからの七十年をいかに歩んでいくべきか、しっかりと見極めなければなりません。

こうした難しい時期には、やはり安岡正篤先生が説かれた「思考の三原則」に立ち返ることが大事だと思います。

第一　目先に捉《とら》われず長い目で見る
第二　一面的に見ないで多面的全面的に観察する
第三　枝葉末節《しようまっせつ》にこだわることなく根本的に考察する

安倍総理は他国に先駆《さきが》けてトランプ氏との面会を実現し、日米の良好な関係を今後も堅持《けんじ》していく姿勢を強力にアピールしました。日本の有力企業も、アメリカ人の雇用創出に繋がる大規模投資を相次いで発表し、これを後押ししています。

いずれも混沌の中に一つの拠り所を見出そうとする前向きな働き掛けであり、私は大いに評価したいと思います。

去年《こぞ》今年《ことし》貫く棒の如《ごと》きもの

高浜虚子《たかはまきょし》のこの名句が、この頃しきりに頭をよぎります。

次なる七十年へのスタートとなるこの節目の時に、時代の趨勢をしっかりと見極め、変化に機敏かつ柔軟に対応しつつも、国として何を貫いていくべきか。虚子の句を反芻《はんすう》しつつ考えていかなければなりません。

第五章

私を今日に導いたもの

父の死を受け、図らずも経営の道へ

早いもので、会社経営に携わって五十三年になります。

私はもともと組織を嫌い、自由人に憧れていましたが、父・健治の病没に伴い、赤字に陥っていた家業の立て直しに入ったところから、人生は自分の思惑を超え思いがけない方向へと展開していきました。

本書の最後に、そうした数奇な人生を振り返り、私を今日に至らしめたものについて考えてみたいと思います。

亡くなった父が残したのは、牛尾工業という赤字会社でした。父は戦前、祖父の梅吉が起こした姫路銀行や姫路水力電気、姫路瓦斯《がす》などの公益事業を引き継ぎ、八面六臂《はちめんろっぴ》の活躍をしていましたが、戦後に公職追放となってそれらの経営から離れ、手元に残った中小企業を合併してつくったのが牛尾工業でした。

私はそれまで、大学を出て東京銀行に入り、二年後に休職してカリフォルニア大学バークレー校に私費留学をしていました。自由でフロンティア精神に溢れるアメリカの生活を満喫《まんきつ》し、文化人として日米の架《か》け橋になる夢を膨《ふく》らませていた私は、牛尾工業の存続は諦め、早々に処分してしまえばよいと考えていました。

ところが、古参社員たちから「ここで潰《つぶ》してしまうのは忍びない」と猛反対に遭《あ》い、私は三代目としての責任を全《まっと》うするため、立て直しに取り組むことを決意しました。軌道に乗ればすぐに経営から離れ、好きなことをしようというのが偽らざる思いでした。

入社して担当した電機部門で扱っていたのは、蛍光灯や普通電球でした。アメリカではスーパーで売られている雑貨に過《す》ぎず、このままでは利益の拡大は見込めないと考えた私は、それまで間接的に取引のあった理研《りけん》光学工業（現・リコー）と直接商売をしたいと考えました。

同社は経営の神様といわれた市村清社長の下で、カメラから複写機へと業務を拡大しつつあり、その光源となる紫外線ランプを納入しようと考えたのです。

仲介を依頼するために訪れた神戸銀行銀座支店で支店長を務めておられたのが佐藤慎一さんでした。佐藤さんは、同行の前身で祖父が頭取《とうどり》を務めていた姫路銀行に入行し、副頭取の父に支店長に引き上げてもらったとのことで、私の来訪を大変喜び、自ら理研光学工業との商談に同行してくださいました。

「二代にわたる恩をお返ししたい」という佐藤さんの話に感動した市村さんは、その場で取引を快諾。当初月産五百台くらいだった紫外線ランプの需要は、事務機器ブームに乗ってうなぎ上りに拡大し、五年後には月産千五百台にまで達したのです。

私はさらに、映画会社へもランプを売り込みました。牛尾工業は、大阪大学の浅田常三郎教授の発案をもとに、太陽光に近い光を発するクセノンランプを実用化しており、従来のランプに比べてカラー映画に適していると考えたのです。

早速映画館に売り込みをかけ、当時話題になっていた映画『黒水仙《くろすいせん》』を試写していただいたところ、主演のデボラ・カー演じる尼僧《にそう》が恋に落ち、修道服のベールを外すクライマックスシーンで、カーが口紅を差すとスクリーンに鮮やかな赤が映し出され、会場に割れんばかりの拍手が巻き起こりました。

カラー映画ならクセノンという評判がたちまち広がり、当社のクセノンランプは後に世界で一、二位を争うまでに成長したのです。

商売など簡単なものだ。若い私の心に慢心が芽生えていたことは確かです。その慢心を見透かすかのように、ほどなく銀行から電機部門の切り離しを言い渡されました。ランプの積極販売で設備投資が嵩《かさ》み、採算が悪化していたのです。

入社以来力を入れていたこの事業を手放すのは忍びない。ならば自分で思うように経営してみよう。私はそう腹《はら》を括《くく》り、分離独立して立ち上げたのがウシオ電機でした。家業に戻って五年後の昭和三十九年、三十三歳の時でした。

人生は信じるに足る

ウシオ電機の船出は、多額の含み損を抱えた心許《こころもと》ないものでした。「未経験で強気な若社長に、経営が務まるだろうか」と、牛尾工業から来ていた役員が辞めてしまったこともありました。

そうした中で、経営を軌道に乗せる一つの転機となったのが、米ゼネラル・エレクトリック（GE）が開発したヨウ素ランプの特許使用権取得でした。

はるばるアメリカ本社へ赴《おもむ》いての交渉では、先方は何事も合議で決めるためなかなか態度を明確にしません。しびれを切らした私が、「誰と話をすれば使用権を認めてくれるのか」と詰め寄ると、担当者は「最低何台売るかをコミットしてもらえればＯＫします」。私はその場で売り上げ予想の三十%を約束し、他にも交渉に臨んでいた日本の大手メーカーを差し置いて一番に技術導入に成功したのです。

当社はその後、このヨウ素ランプを凌《しの》ぐハロゲンランプを独自開発し、複写機に転用することに成功。世界シェアの八十%を占めるまでに好評を博しました。

ところが昭和四十二年、ウシオ電機は最大の試練を迎えました。大口取引先のリコーが経営危機に陥ったのです。社長の市村清さんは大変なスター経営者で、講演などの社外活動に時間を取られているうちに、複写機の流通在庫の山ができていたのです。

悪いことは重なるもので、映画館向けのランプを納入していた日本音響も、時を同じくして経営不振に陥ってしまいました。両社の売り上げを合わせると、当時のウシオ電機の年商の五十％近くにもなります。

いまこそ市村さんへのご恩を返す時だ。腹を括った私は、まず市村さんを訪ね、

「当社は最後までリコーにお付き合いします」

とお伝えしました。「そこまで僕を信じてくれるのか」と言う市村さんに私は言いました。

「初めてお目にかかった時、市村さんは私を信じて取引を始めてくださいました。その時に比べれば、いまの私のほうがはるかにリスクが小さいと思います」

市村さんは感極《かんきわ》まり、大粒の涙を流しながら私の手をしっかりと握りしめました。

翌日、私はリコーのメーンバンクである三菱銀行（現・三菱東京ＵＦＪ銀

行）を訪ね、面識のあった田実渉《たじつわたる》頭取に、

「オフィスオートメーションの主役、リコーは素晴らしい会社です。もし市村さんが倒れたら、私が社長になっても経営を盛り立てますよ」

と熱弁を振るいました。生意気盛りの三十四歳。いま思い返すと顔が赤らみますが、真剣な私の訴えに感心してくださった田実さんは、でき得る限りの支援を約束してくださいました。これに奮起した市村さんは、窮地に陥っていたリコーの経営を三年で見事に立て直されたのです。

「牛尾さんのおかげで流れが変わった」と、大いに意気に感じてくださった市村さんは、若い私を清和会という納入会社の会の会長に抜擢《ばってき》してくださいました。また後年、当社のハロゲンランプの初期不良でトラブルに見舞われた時には、山のような返品をすべて肩代わりしてくださったのです。

人生は信じるに足るとつくづく実感しました。こうして創業期のウシオ電機は、リコーとともに大きく躍進することができたのです。

相手の必要と期待に応える、それが自らの果たすべき使命

一方、リコーと同時期に経営不振に陥った日本音響は、翌年にはとうとう経営が行き詰まってしまいました。

当社も少なからぬ損害を被《こうむ》りましたが、私は従業員を引き受けて日本ジーベックスという新会社を設立。成功するまでやり抜く覚悟を伝えると社員は奮起してくれ、見事に立ち直ることができました。

日本ジーベックスに始まった当社の映画ビジネスは後年、買収した米国とカナダの会社が複合映画館向けにフィルムの要らない映写機を開発してデジタルシネマ事業へ進出し、当社グループの映像システムは高い世界

シェアを占めるに至りました。

学生の頃貪《むさぼ》り読んだ実存主義の本に、

「自分は誰も必要としないけれども、相手が必要とする時は、その必要のために生きるのも一つの実存である」

というサルトルの言葉がありました。人間、誰しも生きていれば思いどおりにならないこともあります。しかし、その時に自分の希望ばかりに固執するのではなく、相手の必要と期待に応える。それを自らの果たすべき使命と捉えることも、自分の一つの実存と言えるでしょう。

私が父の残した赤字会社に入ったのも、亡き父の期待に応えたいという思いが、おそらく無自覚のうちに心の奥にあったのでしょう。次々と訪れる試練を乗り越えるうち、最初は嫌だった経営を、私はいつしか自分の天職だと思うようになりました。多くの従業員が自分のもとに集まり、頑張ってくれていることを実感し、自分の仕事を天職と考えて打ち込もうと決意してから、仕事が楽しくなっていったのです。

よき人間関係を積極的に求めること

こうして当社は、創業六年で東証二部、十六年で東証一部への上場を果たすことができました。短期間のうちに成長を遂げ、そして五十三年にもわたって経営の第一線に立ち続けることができたのは、最先端の光源を求め、常に新しいことにチャレンジしてきたからに他なりません。さしたる先見性のない私にそれができた要因は、積極的に人間関係を求め、いただいたご縁を大切に育んできたことに尽きると思います。

父が懇意《こんい》にしていた大阪大学の浅田常三郎教授には、新しいランプの開発など技術面で大きなお力添えをいただいた上に、ソニーの盛田昭夫さんや、日本光学工業（現・ニコン）の長岡正男さんといった有力者を多数ご紹介いただきました。特に長岡さんのもとには毎週のように足を運んで、新たに開発した技術についての意見を仰ぎ、賛同いただいたものは先方とのビジネスに発展させました。

また、浅田先生とのご縁により物理関係の優秀な学生が多数入社してきました。後年、世界シェアの八十％を占めるに至ったハロゲンランプも彼らが中心になって開発したもので、大阪大学からウシオ電機に入社した人は成功する、というのが定説になるほどでした。

現在、アメリカの先端産業をリードしているのは、西海岸のシリコンバレーと周辺の新興大学ですが、私の留学先がたまたま西海岸のカリフォルニア大学であったことは、世界の技術をリードする人々とビジネスを展開していく上で大きな力となりました。

もっとも、その人間関係は決してビジネスを目的に意図的に築いたものではなく、好きなジャズなどを通じて知り合った気の合う仲間との関係を大切に育んでいたことが、思いがけずビジネスにも発展していったのです。

私にGEのヨウ素ランプに関する情報をもたらし、一緒に特許使用権取得の交渉に臨んでくれたのも、アメリカ留学時代の友人でした。他社に先駆けてGEの技術導入に成功できたのは、有能で日本びいきであった彼の助力のおかげです。組織の歴史の浅いアメリカでは、そのように人間と人間の結びつきでビジネスが発展する機会が多かったのです。

ちなみにアメリカでは、新しい相手とビジネスを始める時には、日曜日の朝に訪ねるとよいといわれます。一緒に教会へ行って昼食をすれば、そこで家族とも親しくなって交流が深まります。そして、日曜日に家族と教会へ行くような相手であれば、人間的にまず間違いないというのです。

私も向こうへ滞在している時には、しばしば日曜日の朝に教会へ行きました。礼拝が終わると、外国人が一人でいるのを気に掛け、たいてい誰かが昼食の誘いをかけてくれるものです。そこで生まれた人間関係がビジネスに発展したこともしばしばありました。

新しいビジネスを手掛ける際は、その分野で優秀な人のもとへ直接相談に行きました。たとえ面識はなくとも、こちらの思いを率直にぶつければ適切な助言を与えてくれるもので、人間関係も広がります。すぐにビジネスには結びつかなくとも、この人はと興味を覚えた相手とは時間を割いて関係を深めておく。すると、思いがけないところで新しい芽が出ることもあるのです。

優秀な先輩に人を紹介してもらうことも大切です。私はたいてい三人くらいの先輩に相談をもちかけ、仮にご紹介いただいた方がビジネスに直結しない場合でも、最低五年はお付き合いを続けました。

よい縁に恵まれないと嘆く人も、目の前の貴重な縁に気づいていない場合が大半です。また、せっかく縁に気づいても、通り一遍《いっぺん》の付き合いを続けているだけではその縁を生かすことはできません。自分の心の琴線に触れるような相手が現れたら、腹を割って懐に飛び込んでいくことで、縁が深まり、人生も発展していくのです。

忘れ得ぬ人々

このように、私の今日があるのは様々な素晴らしいご縁に恵まれてきたおかげに他なりません。ここで、これまでの数多くの出逢いの中から、私がとりわけ影響を受けた方のことにも触れておきたいと思います。

一、安岡正篤先生

「to do good を考える前に、to be good を目指しなさい」

立派なことをしようとする前に、立派な人間になることを心掛けよ、と若い私に説いてくださったのは、安岡正篤先生でした。

東洋思想の大家である安岡正篤先生は、祖父・梅吉の代にご縁を賜り、父の健治も大変心酔し、先生を囲む師友会という勉強会の神戸の責任者を務めていました。

しかし、若い頃の私はアメリカに憧れを抱いていたこともあり、古色蒼然たる東洋古典のお話をされる安岡先生が、戦いに敗れた伝統日本の象徴のように感じられ、どうしても好きになれませんでした。父はしばしば私を先生に引き合わせようとするのですが、私はずっと逃げ回っていました。

しかし、大学の卒業が近づいてきた頃に就職の相談に伺うように父から言われ、しぶしぶお目にかかった時にこの言葉をいただき、目が開かれる思いがしたのです。

経営学というのは基本的に人間学です。立派な人間になることで、自ずと指導力も身に付くのであって、人柄の悪い人間がいくら経営を学んでも指導力は身に付かない。

安岡先生はそのことを短い言葉で端的に示してくださいました。しかも私の西洋かぶれを見抜き、この若者には漢語で説いても無駄だと考え、あえて英語で説いてくださったのです。

それ以来、私は安岡先生のもとへしばしば相談に伺うようになり、昭和四十七年には先生を囲む若手の勉強会「而学会」を立ち上げるに至りました。

「to do goodを考える前に、to be goodを目指しなさい」という教えは、私の一生を貫くテーマとして、いまなお心に深く刻み込まれています。

二、松下幸之助さん

他にも元総理の大平正芳さん、経団連元会長の土光敏夫さんなど、私は多くの良縁に恵まれてきましたが、中でも父の代からご縁をいただいていた松下幸之助さんは、私が最も大きな薫陶を受けた経営の大先輩です。

松下さんは、若い頃に患《わずら》った結核の後遺症で発声が弱く、しかも早口であるため言葉が非常に聞き取りにくかったのですが、私は不思議と松下さんの言葉がよく聞き取れました。私が松下さんの聞き取りづらい言葉を復唱しながら自分の意見を述べるので、松下さんは私を随分可愛がってくだされり、幾度となく対談の相手を務める機会にも恵まれました。

聞き上手で有名な松下さんでしたが、若い私の意見も「君の世代の考えはそういうものなのか」といつもしっかり受け止めてくださいました。

ある対談で松下さんが「仕事は血の出るような努力をしなければならない」とおっしゃった時、私は「経営者は儲かるから努力をするのは当然ですが、社員がそこまでする道理はありません」と反論すると、松下さんは、実によい反論だと私の意見を認めてくださった上で、

「経営者は、自分が血の出るような努力をしていることを、いかにして社員に悟らせるかが大事や」と説かれ、深い感銘を覚えたものです。

松下さんが私財を投じて政治家の育成に乗り出そうとされた際は、「政治権力は自ら血を流して勝ち取るものです。人のお金で育てられた政治家など役に立ちません」と反論しました。

この年齢になるとよく理解できるのですが、自分がやろうとすることを若い人に真っ向から反対されると非常に気になるものです。松下さんも心中穏やかではなかったはずですが、その時は「君の意見はもっともだ」と認めてくださいました。

しかし、松下さんの国を憂う気持ちは抑えがたく、五年にわたって議論を重ねた末に、とうとう松下政経塾を立ち上げることを決意されました。育てられた政治家が使い物にならないという君の意見はもっともだが、優れたリーダーが現れるのを待っていたのでは間に合わない。たとえ一握りでも構わないから、早急に次世代のリーダーを育てる必要があるというのが松下さんの結論でした。そして松下さんは、

「ぜひとも君に副塾長を引き受けてほしい」

とおっしゃったのです。自分に反論する人間を引き入れて事を起こそう

とする度量に打たれ、私は松下さんの要請を喜んで承りました。

三、井上靖さん

作家の井上靖さんとは、たまたま奥様の甥が私と高校時代の同級生というご縁がありました。井上さんが新聞記者時代に書いた『猟銃《りょうじゅう》』や『闘牛』といった作品をその同級生から紹介されて大変感銘を受け、直接感想をお伝えしに伺ったのが交流の始まりでした。晩年、孔子について書きたいと相談され、安岡正篤先生から教わった話をお伝えしたのも懐かしい思い出です。井上さんはそれを見事に生かし、『孔子』という傑作を書き上げました。

そんな井上さんが七十歳くらいの頃、「牛尾さん、いくつになりましたか？」と聞かれたことがありました。私が「四十五になりました」と答えると「では、あと三回はやれますね」とおっしゃるのです。どういう意味かと尋ねると、井上さんは次のように答えられました。

「これまでと全く違った新しい人生というのは、十五年くらいかけてチャレンジするとかなり達成できるものです。年を取ると利口になってそれが十年くらいに収まりますから、牛尾さんはこれから六十歳くらいまでと、六十歳から七十歳くらいまでと、七十歳から八十歳くらいまで、三回チャンスがあります。私自身はあと二回だと思って、一回目にチャレンジしているんです」

井上さんはその頃、文筆の傍《かたわ》らＮＨＫの『シルクロード』の現地取材に加わり、シルクロードを中心に東西文化の交流が人間にどう影響を与えたかというテーマに精力的に取り組まれていました。

私がその後、土光敏夫さんに誘われて土光臨調《りんちょう》に取り組み、経済同友会の代表幹事を務め、さらには小泉内閣で経済財政諮問《しもん》会議の議員を務めるなど、会社の枠を超えて積極的に活動してきたのも、井上さんの言葉が脳裏《のうり》に深く刻まれていたからだといえます。

よき人物や書物との出逢いが自分をつくる滋養となる

大相撲では、十五番勝負のうち八勝すれば勝ち越しとなり、番付が上がります。しかし企業経営は、初日から十四連勝していても、千秋楽で一敗すれば倒産する厳しさがあります。創業当初はビジネスの規模は小さくとも、十年、二十年と続けるうちにだんだん取引のスケールも大きくなっていくため、たった一つの失敗で致命傷を負うこともあるのです。

私は幸いにして、創業の時期に恵まれました。現在のように難しい時代であれば、十回勝負して五勝五敗もやむを得ないところを、高度成長の波に乗り八勝二敗くらいの高い勝率で経営を維持できたことは僥倖《ぎょうこう》という他ありません。

これからの時代を生きていく上では、情報を的確に見極める目を養うことが大切だと私は考えます。世間には様々な情報が飛び交っていますが、新しい情報に目配りをしつつ、自分がこれだと思った人物や書物についてはじっくりと時間をかけて向き合っていく。それが自分をつくる掛け替えのない滋養《じよう》となるのです。

「to do good を考える前に、to be good を目指しなさい」

私の五十三年の経営人生は、様々な試練の連続であり、それを乗り越えるために自分を磨き続けた五十三年でもありました。一方で心の余裕を大切にし、緊張感を保ちつつもリラックスして事に臨んできたことで、その道のりは豊かな彩りに満ちたものになりました。

次代を担《にな》う方々も、これから様々な局面に遭遇されることでしょうが、自らの目で見て、自ら触れて、自らの体で感じて、豊かな人生を築いていかれることを願って止《や》みません。

あとがき

この三十年近く世界の趨勢であった「グローバリゼーション」が、ここへきて失速を始めている。

一九八九年、ベルリンの壁が崩壊し、それまで長らく続いていた東西冷戦は事実上終結した。翌一九九〇年に開催されたヒューストン・サミットでは、公式の首脳宣言には盛り込まれなかったが、以下の四つをこれからの国際社会の基本原則にするというコンセンサスが主要国の間でなされた。

①国境のない経済活動を推進する
②武力で国境を変えない
③人権尊重の民主主義を追求する
④環境問題への対策に取り組む

これにより、世界は国境のないグローバリゼーションの時代へと大きく舵を切った。ＩＴという新しい技術が飛躍的な進歩を遂げたことも、この趨勢に拍車をかけた。

ところが昨年、イギリスがＥＵからの離脱を決め、アメリカで自国第一主義を掲げるトランプ大統領が登場したことにより、世界の潮目は大きく変わった。さらにＡＩ（人工知能）やＩｏＴ（モノのインターネット化）など、新しい技術の登場によって、先行きの不透明感は一層増している。
トヨタのライバルに自動車メーカーではないグーグルが名乗りを上げ、また名門電機企業の凋落《ちょうらく》が相次いでいることなどからも、時代はこれまでの成功体験が通用しない未知の領域に突入しつつあることが実感される。過去三十年、グローバル化の波に上手《うま》く乗って躍進を遂げてきた日本企業は、大幅な戦略の見直しを迫られているのである。

本文にも記したとおり、ウシオ電機を創業して今年で五十三年になる。幸いにして今日まで経営を維持し、会社を大きく発展させることができたが、その間の経営環境といえば、ニクソンショック、オイルショックに始まり、絶え間ない試練の連続であった。そしていまもまた、先述したような大きな変化の兆しに直面している。

「天命を信じて人事を尽くす」

「経営は祈り」

という私の信条はこうした幾多の試練を通じて培《つちか》われてきたものである。

私が、そうした経営人生を通じて得た貴重な出逢いや教訓、次代を見据《す》えての提言を、月刊『致知』の「巻頭の言葉」に綴《つづ》り始めたのは、平成十年のことである。ありがたいことに、多くの読者から賛同や励ましのお言葉をいただき、連載は間もなく二十年の節目を迎える。

世界がかつてない大きな変化を迎えようとしているいま、これまでに綴ったものの中から、とりわけ心に刻んでおきたい記事を厳選し、本書を編むことになった。これからの新しい時代を担う方々の指針となれば、望《ぼう》外《がい》の喜びである。

末筆になるが、本書の発行に際しては、致知出版社の藤尾社長をはじめ、編集スタッフの皆さんに大変ご尽力をいただいた。心から感謝を申し上げたい。

平成二十九年十一月吉日

牛尾　治朗

《初出一覧》

第一章　人物に学ぶ

気品の漂う人になれ　『致知』二〇〇一年七月号
而学の心で活力を取り戻す　『致知』二〇一三年九月号
土光敏夫 その人物と生き方に学ぶ　『致知』二〇一一年一二月号
名聞利欲――舘林三喜男の教え　『致知』二〇一五年九月号

第二章　経営者心得

経営は職人芸である　『致知』二〇一三年一二月号
選択と集中　『致知』二〇〇五年九月号
天を恨まず、苦に耐え、明日に向かって働く　『致知』二〇一一年九月号
其の身正しければ令せずして行われ　『致知』二〇一五年一二月号

第三章　経営のヒント

日本企業の強さの原点を忘れるな　『致知』二〇〇六年三月号
新世紀の潮流を摑め　『致知』二〇一二年九月号
淡にして事を成し甘にして事をこわす　『致知』二〇一四年七月号
短所の是正か長所の伸長か　『致知』二〇一七年九月号

第四章　未来をひらく道

厳よりして寛なるべし　『致知』二〇一一年六月号
治に居て乱を忘れず　『致知』二〇一四年十月号
清規と陋規　『致知』二〇一六年三月号
中游のこころで難局を乗り切る　『致知』二〇一六年九月号
去年今年貫く棒の如きもの　『致知』二〇一七年三月号

第五章　私を今日に導いたもの　書き下ろし

〈著者略歴〉

牛尾治朗（うしお・じろう）

昭和6年兵庫県生まれ。28年東京大学法学部卒業、東京銀行入行。31年カリフォルニア大学政治学大学院留学。39年ウシオ電機設立、社長に就任。54年会長。平成7年経済同友会代表幹事。12年DDI（現・KDDI）会長。13年内閣府経済財政諮問会議議員。著書に『わが人生に刻む30の言葉』『わが経営に刻む言葉』『男たちの詩』（いずれも致知出版社）がある。

人生と経営のヒント

平成二十九年十二月二十五日第一刷発行

著者　牛尾治朗

発行者　藤尾秀昭

発行所　致知出版社

〒150-0001東京都渋谷区神宮前四の二十四の九

TEL（〇三）三七九六—二一一一

印刷　㈱ディグ　製本　難波製本

落丁・乱丁はお取替え致します。（検印廃止）

ISBN978-4-8009-1167-4 C0034

ホームページ　http://www.chichi.co.jp

Eメール　books@chichi.co.jp

人間力を高める致知出版社の本

『いかに人物を練るか』

安岡正篤・著

大正13年、27歳の安岡正篤師が海軍大学校で
エリート将校を前に講述した
「指導者たる者の心得」をここに復刊。

●四六判上製　●定価1,800円＋税